LA

CHINE

LES WARRANTS

& L'AVENIR DU COMMERCE DES SOIES

PAR A. LAPAREILLE

Rédacteur

DE

LA SÉRICICULTURE PRATIQUE

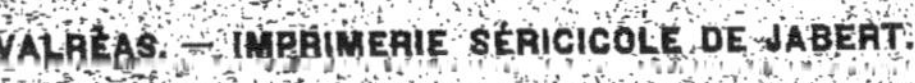

LA CHINE

LES WARRANTS

ET

L'AVENIR DU COMMERCE DES SOIES

par

A. LAPAREILLE

rédacteur de la *Sériciculture Pratique*

1859

IMPRIMERIE SÉRICICOLE DE JABERT, A VALRÉAS.

LA CHINE, LES WARRANTS

ET L'AVENIR DU COMMERCE DES SOIES

Il y aura bientôt un an que la pensée nous vint de prendre la plume pour protester contre les idées, filles de la peur, qui s'étaient, à cette époque désastreuse, emparées des meilleurs esprits. La *Gazette de Lyon* voulut bien nous servir d'organe, et accueillir quelques raisonnements, sans autre mérite que celui d'un peu de logique jointe au courage nécessaire pour oser remonter le courant et s'affranchir des préoccupations de l'heure présente.

Notre manière de voir alors est la même encore aujourd'hui. Seulement, — qu'il nous soit permis de nous en réjouir sans en être plus fier, — nous avons la satisfaction de n'être plus seul de notre opinion ; les évènements ont converti ceux même auxquels jamais ne parvint notre voix.

On commence à comprendre, on commence même à dire qu'il faut bien passer — bon gré ou mal gré — sous les fourches caudines de la nécessité, et subir la loi du vainqueur. Ce vainqueur, hélas ! c'est un fléau, et la loi qu'il nous impose est conçue en ces termes : « *rareté, cherté,* » ou bien encore : « *le prix doit être en raison de l'abondance ou de la rareté.* »

Cela, nous le disions l'an passé ; mais qui songerait à se plaindre un instant de n'avoir point été entendu, au milieu de l'assourdissant et lamentable concert de tant de victimes des hauts prix ! Aujourd'hui que l'avenir est couleur de rose, on rit des alarmes d'hier, et l'on oublie même malheureusement encore le second terme de notre proposition, c'est-à-dire qu'avec toute la logique du monde, les hauts prix n'en sont pas moins un danger.

Nous avons donc, à cette heure, le plaisir de nous trouver de l'avis commun sur le terrain des éléments de la science économique. Nous avons aussi la certitude de n'avoir pas fait une seule conversion, mais du moins le bonheur de constater que ce sont les caresses de la fortune, cette *Laïs* aux séductions si puissantes, qui ont ramené tant de dissidents que ses rigueurs chassaient loin de la vérité.

Nous ne venons pas aujourd'hui essayer de mettre en lumière une vérité qui éclate à tous les regards ; ce ne sont pas non plus les conseils d'un vain amour-propre qui nous font prendre la plume pour constater la victoire de notre opinion ; non, un but plus haut, un but plus grand est indiqué à nos efforts. On confesse unanimement, à cette heure, la rareté de la soie ; on comprend qu'il y a dans ce fait comme une menace de mort pour une des plus riches industries de la France et qu'il attaque dans sa base la matière dont elle a besoin. Parmi les divers remèdes qui ont été proposés, celui de l'établissement de la *banque des soies* nous a semblé éminemment dangereux, et nous avons cru devoir le combattre dans la mesure de nos forces ou de notre faiblesse. Peine perdue, efforts impuissants ! Malgré nos cris et nos protestations, la *banque des soies est fondée*. L'Avenir dira si nous avions raison.

En attendant, nous allons indiquer quel serait, d'après nous, le spécifique capable, non point de guérir, car, hélas ! la guérison nous paraît bien lointaine, mais au moins d'atténuer et d'enrayer le mal de ce *grand maladif* dont toutes les douleurs nous font souffrir et dont la mort serait notre mort.

Si nous réussissons à suggérer quelque pensée salutaire ; si nous arrivons au but que nous nous sommes proposé, celui de servir l'industrie de notre pays par des moyens plus honnêtes qu'élégants, moins brillants que solides ; en un mot, s'il résulte de nos efforts plus d'avantages pour les autres que de satisfaction pour notre amour-propre, qu'importe ! on nous pardonnera peut-être d'avoir osé, malgré notre insuffisance, aborder des questions auxquelles se relient de si puissants intérêts.

Nous nous estimerons heureux si le mobile qui nous fait agir peut nous gagner l'indulgence de nos lecteurs.

Les explications qui précèdent dévoilent assez clairement notre pensée et nous dispensent d'entrer dans de longs détails pour expliquer quel est notre but, et quel est le plan que nous comptons suivre pour l'atteindre. On est généralement d'accord pour confesser la rareté de la matière première servant à la confection des étoffes de soie. De cette conviction à la recherche des moyens de se procurer cette matière précieuse et si nécessaire, il n'y a qu'un pas. Ce pas, on a voulu le faire, et quelques bons esprits, — que nous croyons dans une fausse voie, — ont proposé la création à Lyon d'un vaste entrepôt pour les soies grèges et ouvrées sous le nom de *banque des soies*, dans l'espoir d'attirer, par l'appât du prêt sur gage, la matière qui se dirige sur Lyon ou vers les places rivales de l'Allemagne et de la Suisse.

Nous prétendons faire voir :

1° Que le moyen proposé n'offre aux déposants aucun avantage qu'ils ne trouvent dans les maisons de commission organisées à Lyon depuis de nombreuses années.

2° Qu'il est insuffisant, car il ne peut en rien modifier la direction que suivent actuellement les produits asiatiques, seuls en mesure de combler le déficit des récoltes d'Europe.

3° Enfin qu'il est dangereux.

Ces trois propositions seront développées dans un chapitre intitulé : *Les Warrants et la Banque des soies.*

Mais, pour l'intelligence de notre argumentation, nous nous proposons d'inviter nos lecteurs à faire avec nous

—eux, sans sortir, de leur fauteuil, et nous, sans quitter notre coin du feu, — une petite excursion en Chine, sous l'intelligente conduite de notre excellent ami, notre correspondant de Shang-Haï, auquel nous avons eu le bonheur de serrer la main lors de sa récente arrivée en Europe.

Le chapitre dans lequel nous réunirons les souvenirs qui nous restent des communications que nous devons à son amitié, nous l'intitulerons naturellement *de la Chine*, et il précèdera le chapitre sur les *Warrants*.

Nous espérons, dans des conclusions succinctes, justifier, par un troisième chapitre, le titre que nous avons choisi : *La Chine*, *les Warrants* et *le Commerce des soies*.

DE LA CHINE

Depuis quelques années, la production de la soie se trouve frappée dans sa source par une maladie, diversement définie, diversement dénommée, dont les causes peuvent encore se dire inconnues. Le ver qui sécrète le précieux fil, languit dès ses premiers âges et meurt d'ordinaire avant sa métamorphose en chrysalide, privant ainsi l'éducateur qui lui donnait ses soins de la juste récompense due à ses veilles, et, du même coup, l'industrie des soies de son indispensable aliment.

En attendant que la Providence nous ait délivrés du fléau, ou, ce qui revient au même, qu'elle ait mis quelque savant ou quelque praticien sur la trace d'un remède efficace, nous serons bien forcés d'aller demander à des pays plus heureux la soie qui nous manque, sous peine de tuer du même coup la production et l'industrie séricicoles ; ce qui revient à dire sous peine d'enlever à plusieurs départements de la France leur unique gagne pain.

Tant qu'il ne s'agissait que de traverser les monts; tant qu'il suffisait de parcourir les côtes de la Méditerranée pour trouver, à quelques pas de la France la soie dont la France avait besoin, on se préoccupait peu de la grande question de l'alimentation des usines et par suite de l'alimentation des métiers. Mais, à son tour, le fléau a traversé les montagnes, visité tous les pays que baigne notre Méditerranée, confondant tous les calculs, déjouant toutes les hypothèses, et semblant prendre un malicieux plaisir à renverser par une évolution capricieuse toutes les théories que l'on croyait basées sur des faits.

Et cependant la soie, cet objet de luxe, entrait de plus en plus dans les goûts et dans les habitudes de nos populations. La soif de paraître, cette plaie de notre temps, renversait la classique pyramide qui marque pour les économistes les rapports entre la cherté et le nombre des acheteurs. La soie, par son prix, représente bien le sommet de la pyramide par rapport aux tissus ; ses acheteurs n'en représentent pas moins la base par leur nombre, car ce sont tous les vaniteux, c'est-à-dire, de nos jours, tout le monde.

Aussi, a-t-on pu constater ce singulier résultat, véritable paradoxe économique, que les robes se sont allongées d'une aune à mesure que le prix du mètre s'élargissait d'un franc ! Les crinolines ont été les protestations de la vanité opposée aux conseils de la prudence,

Aussi, a-t-on compris enfin qu'il fallait aller demander à la patrie de la soie, à l'extrême Orient, de nous ouvrir ses trésors. La Perse, le Bengale et la Chine, voilà les seuls pays que le fléau ait encore épargnés. Ce sont ceux-là mêmes que l'Europe veut et doit mettre à contribution.

Il nous faut étudier les moyens employés par le commerce européen pour obtenir les précieux renforts que réclame notre industrie.

Pour faciliter ce travail nous écarterons d'abord la Perse et le Bengale. La *Perse*, parce que chacun sait que les communications avec ce pays sont rares et difficiles ; que le monopole des opérations d'échange entre l'Europe et cette portion de l'Asie, semble acquis à une maison particulière et que d'ailleurs sa production est assez limitée ; — le *Bengale*, car il appartient aux Anglais, si toutefois ils parviennent à étouffer l'insurrection qui le laboure de ses boulets.

Reste la Chine, pays immense par son étendue, immense par sa population ; inépuisable, pour ainsi dire quant à la masse des produits qu'il peut nous déverser.

Avant la guerre avec les puissances occidentales, le commerce des soies s'y faisait sur deux points principaux : Canton et Shang-Haï. Avant même les crimes dont les Chinois du sud, si sanguinaires et si rusés, ont ensanglanté les factoreries européennes, le commerce des soies tendait à se centraliser à Shang-Haï ; on peut dire aujourd'hui que c'est dans cette place seule que sont appelées à se traiter les grandes affaires.

La Chine, avons-nous dit, est un pays immense. Toute la Chine ne produit pas de soie ; mais la région sétifère est d'environ 4 à 5 fois la superficie de la France entière. Les mûriers n'y sont point cultivés en pépinières, ils sont plantés sur les talus qui bordent les champs de riz, principale culture de ces pays marécageux. Il n'y a pas, en Chine, de grands éleveurs. Les éducations les plus considérables sont d'une quantité de vers équivalente à environ deux ou trois des onces de nos pays.

Il n'y a qu'une éducation sérieuse, c'est celle du printemps. Toutes les autres ensemble ne valent pas la peine d'être comptées.

Les éducations multiples y sont seules en usage et s'obtiennent à l'aide de semence de sang *trivoltini.* Nous ne reviendrons pas ici sur l'énumération de toutes les récoltes successives obtenues dans la patrie du ver à soie; nos lecteurs ont cette nomenclature encore présente à la mémoire; d'ailleurs ce serait nous écarter de notre sujet. Disons seulement, qu'au nombre d'une dizaine, elles ne produisent pas entre-elles toutes le 1/3 de la récolte du printemps, obtenue à l'aide de races annuelles, qui est la seule sérieuse.

On nous saura gré sans doute de devancer MM. les sériciculteurs italiens si chaudement recommandés par plusieurs pays séricicoles, en disant, en quelques mots, comment on élève les vers à soie en Chine. Les renseignements que ces intrépides voyageurs doivent nous donner seront probablement plus explicites; on voudra bien recevoir les nôtres en à-compte de ceux qu'ils doivent fournir.

Nous l'avons vu, les grandes éducations ne sont pas connues dans l'extrême Orient, dont les plus grands éleveurs ne compteraient qu'au nombre des plus modestes éducateurs européens.

Les vers sont élevés dans des maisons ordinairement

construites en bambou. La manière de les alimenter et de les conduire en usage en Chine n'offre, pour ainsi dire, aucune différence avec la nôtre. On leur donne la feuille trois fois par jour, à des heures réglées, et les claies sur lesquelles on dépose les vers ne diffèrent que par la forme de celles en usage dans nos pays.

On les délite à toutes les mues, tout comme en Europe, et les Chinois ne redoutent d'autre ennemi pour leur éducation que le vent du sud, qu'ils considèrent comme meurtrier pour les vers à soie.

Aussi les voit-on prendre toutes sortes de précautions pour éviter les atteintes de ce vent redouté. Les chambrées sont tenues toujours calfeutrées, et l'on cherche autant que possible à intercepter l'air et la lumière. Nos campagnards ne se doutaient pas probablement, quand ils plaçaient avec tant de soins toutes les hardes de leur maison devant ses ouvertures, qu'ils suivaient le procédé chinois.

D'où vient donc que ce pays a conservé toute la richesse de ses récoltes primitives, alors que notre Europe voit dépérir les siennes en dépit des soins de l'hygiène la mieux entendue et des théories les plus savantes et les plus rationnelles ? — A notre avis, d'une seule et même cause.

Les Chinois ne font pas, n'ont jamais fait d'éducations en grand. Chez eux les claies sont en bambou tressé et donnent largement passage à l'air; elles sont très espacées dans le sens de la hauteur, et jamais, par conséquent, en trop grand nombre dans le même appartement.

Les toitures des maisons sont très rustiquement faites et laissent tamiser de l'air frais et pur, qui vient constamment prendre la place de l'air échauffé et chargé des gaz méphitiques de l'appartement où vivent les insectes.

La routine la plus antique règne sans partage, et nul sériciculteur en titre et fier de sa science, n'invente des théories pour croiser, hybrider, contenir des papillons ou pour hâter les métamorphoses de l'insecte. Quatre mille ans n'ont pas fait faire un pas à la science séricicole ; son immobilité la préserve de tout recul.

L'on n'obtient pas en Chine des récoltes bien phénoménales ; elles sont à peu près semblables chez tous les éducateurs, et, sauf quand les vents du sud règnent, car alors il y a des pertes sérieuses, les éleveurs du Céleste Empire s'estiment heureux de recueillir une quantité représentant 30 à 40 kilogrammes de cocons pour une once de France.

Les principales maladies connues sont la muscardine, la grasserie et l'hydropisie. On a toujours vu des petits, mais on ne connaît pas encore la maladie épidémique qui désole l'Europe sous le nom de gattine.

Nous confessons sans peine que nos connaissances en littérature chinoise ne vont pas jusqu'à savoir ce que renferme l'histoire de ce pays par rapport aux fléaux et aux épizooties qui peuvent l'avoir ravagé.

Avant que les traités nous eussent ouvert, sur le papier du moins, cette immense région, le commerce de la soie était entre les mains de quelques riches commerçants indigènes, qui voyageaient dans l'intérieur et apportaient à Shang-Haï les soies qu'ils avaient réunies pendant leur voyage dans les provinces séricicoles. C'est à Shang-Haï ensuite que s'opère le classement;

les Chinois le font eux-mêmes, avec plus ou moins d'exactitude, soit d'après leurs souvenirs, soit par la justesse de leur coup d'œil.

Nous croyons qu'après la signature et la ratification des traités, il se passera quelque temps encore avant que nos compatriotes aient pu réussir à faire une concurrence sérieuse aux acheteurs chinois. Les difficultés de la langue, la fourberie naturelle à ce peuple, l'antipathie de races, tout enfin vient corroborer notre manière de voir à ce sujet.

Peu importe d'ailleurs que les achats se fassent par des Chinois ou par des Européens, pourvu qu'ils se fassent.

Ici se placent naturellement quelques réflexions utiles. Nous avons entendu beaucoup parler, ces derniers temps, de la rareté des belles qualités en soie de Chine. On s'est demandé avec une certaine anxiété s'il serait possible d'espérer de voir les Chinois perfectionner leurs produits; si même il n'y a pas lieu de s'attendre à voir s'établir à Shang-Haï des filatures montées à l'Européenne, comme il s'en est établi en Syrie et à Brousse.

Nous croyons devoir répondre négativement, pour deux raisons capitales.

La première, que les Chinois sont le peuple le plus mou et le plus mal organisé industriellement qui soit au monde. On voit encore au sein de cette vieille nation civilisée l'industrie du moulinage des fils dans sa plus primitive expression. Le travail s'y fait par des ouvriers sans outils, qui tordent quelques mètres de fil en les roulant à la main! Les professions y sont réglées, et l'on voit dans chaque village quelques tordeurs de soie, comme en France quelques peigneurs de chanvre. Il serait très difficile d'en augmenter notablement le nombre.

Ce sont toujours les mêmes pays qui fournissent les mêmes qualités; il a été impossible, jusqu'à ce jour, d'améliorer les produits d'une même provenance. *Cela s'est fait ainsi*; tel est l'argument qui répond à tout, dans la bouche d'un Chinois.

La deuxième raison, nous la trouvons dans l'influence météorologique. La Chine est un des pays les plus humides du monde; il ne se passe presque pas de jour en été sans qu'il y ait des averses. Cela provient de la nature même du sol de ce vaste pays, qui est sillonné de canaux, de fleuves et—de plus—couvert de lacs..... L'eau suinte sur les murs, et il n'est pas rare au mois de juin de voir les habits se moisir dans l'intérieur des maisons.

Le séchage des cocons à l'air libre est donc entièrement impossible; leur transport de l'intérieur, par conséquent, fort difficile. Le procédé d'étouffage chinois est à la hauteur du moulinage de ce peuple; il n'a trouvé rien de mieux encore que de tuer la chrysalide en faisant littéralement griller les cocons..... puis, avec sa patience native, il opère le triage des cocons roussis, et livre les blancs au commerce, sacrifiant de la sorte un dixième de son produit.

On le voit; tout est à créer, et il faut en outre lutter avec un des plus grands obstacles que l'on puisse rencontrer; la mauvaise foi instinctive, accompagnée d'une inertie à la plus haute puissance.

Nous pensons que l'on arrivera à organiser le commerce des cocons; nous doutons que l'on parvienne à fonder des filatures et nous nous en plaignons médiocrement, car il nous semble que le patriotisme sera d'accord ici avec l'intérêt bien entendu, qu'il vaut mieux pour la France, transformer la matière que de la recevoir toute prête. C'est un bénéfice net pour elle, puisque c'est du travail pour ses ouvriers.

Reste à examiner la question de savoir dans quelles limites on peut compter sur les soies de Chine pour l'Europe, c'est à quoi répondront quelques observations sur les mœurs chinoises.

Les Chinois sont à la fois enfants et corrompus. Nés dans une société d'une civilisation vieillie, ils ont laissé sur le chemin des siècles toutes les croyances une à une pour tomber, de chute en chute, dans une sorte de matérialisme stoïque dont la vanité seule a le pouvoir de les secouer.

C'est en Chine qu'il faut aller pour acquérir la certitude que c'est le christianisme qui a fait luire sur le monde le doux soleil de la charité. Là, tout est indifférence pour le malheur des autres, et le Chinois qui sent qu'il va mourir, se traîne sur le bord d'une fosse pour y attendre la mort, sans se flatter de l'espérance de voir un regard de pitié adoucir pour lui les horreurs de la dernière agonie. C'est qu'en ce pays-là, on ne conserve qu'une croyance, la croyance en soi. Aussi, ce corps dont on fait son idole, comme on le pare, comme on le soigne, comme on veut l'embellir! Dès qu'un Chinois a gagné à la sueur de son front de quoi s'acheter une robe, il court la revêtir et c'est dans un pays où des millions d'hommes meurent de faim, que les lois somptuaires ont été les plus nécessaires, car elles y sont les mieux observées.

D'ailleurs, il est certain que la consommation absorbait

la production ; on ne peut supposer en effet une production dépassant de cinquante mille quintaux métriques, — chiffre des exportations de la Chine en 1856-57, — les besoins de la consommation locale.

C'est donc au détriment de ses propres besoins que le Chinois livrera le fil qui lui serait nécessaire à lui-même.

Ici nous retrouverons, mais renversée, la pyramide des économistes d'Europe. Ce seront d'abord les plus pauvres qui se priveront et ainsi de suite en remontant l'échelle des fortunes.

Nous en déduisons cette loi, acceptée comme vraie par tous ceux qui connaissent la Chine :

« Les exportations à espérer de ce pays sont en raison des prix qu'on pourra lui offrir. Nulles, quand les prix seront bas ; d'autant plus considérables que les prix seront plus élevés. »

D'où nous tirons encore cette conclusion favorable, que les produits chinois sont appelés à servir de frein à la machine commerciale européenne.

Examinons, maintenant que nous connaissons notre terrain, l'organisation du commerce à Shang-Haï.

Ce n'est point ici le lieu d'exquisser le tableau de cette ville de la Chine du nord, non plus que les usages de la population qui l'habite ; ce serait s'écarter complètement de notre sujet. Qu'il nous suffise de dire en passant que les étrangers y ont déjà des établissements considérables qui sont tous groupés en dehors de la ville chinoise. Les Anglais et les

Américains dominent dans la factorerie; on n'y compte qu'un petit nombre de Français et de Suisses.

Les maisons qui s'occupent à la fois du commerce de l'importation et de celui de l'exportation, n'amènent à Shang-Haï, en dehors des quelques objets à l'usage de la colonie étrangère, que des métaux, des cotonnades et de l'opium. Les Anglais et les Américains ont le monopole de l'importation des articles principaux; les Suisses font venir de l'Europe quelques caisses d'horlogerie qui trouvent un débit facile.

Nous n'entrerons pas dans d'autres détails sur le commerce d'importation actuel avec la Chine; on le voit, notre pays y est, pour l'heure, trop peu intéressé.

D'ailleurs, la majeure partie des maisons de Shang-Haï s'occupent exclusivement du commerce d'exportation, qui se réduit à un petit nombre de denrées; il n'y a d'opérations importantes, par rapport à l'Europe, que celles qui ont la soie ou le thé pour objet.

Mais ces deux articles seuls absorbent des capitaux énormes, et nous l'avons vu, les Chinois n'acceptent pour le moment, qu'un nombre fort limité des produits de l'Europe ou de ceux que peut leur fournir le commerce européen.

La grande majorité des échanges s'y opèrent donc au moyen de la monnaie, que le peuple accepte pour sa valeur intrinsèque, tout en donnant une préférence marquée à l'argent sur l'or. La Chine n'a pas de monnaie d'un prix élevé; elle réduit toujours les métaux précieux qu'on lui livre en échange de ses produits en lingot d'une once, et ces lingots d'une once, quand ils sont d'argent, prennent le nom de taël.

Il n'y a de monnaie réelle que la *sapèque*, d'un prix infime, dont la valeur varie par rapport au taël, véritable marchandise, suivant l'abondance ou la rareté de l'argent sur place ou dans l'intérieur.

Les Européens chargés d'opérer les échanges avec les Chinois ont donc eu à s'occuper de deux choses : 1° l'organisation du crédit; 2° l'organisation du transport. Telles sont et telles seront toujours les deux bases sur lesquelles devra reposer toute organisation commerciale, et c'est de la manière dont ces deux bases sont posées que dépend tout l'avenir de l'entreprise.

Disons que l'un et l'autre de ces problèmes, l'organisation du crédit et l'organisation du transport, ont été admirablement résolus par les maisons européennes chargées, dans ces derniers temps, d'organiser cette colossale exportation d'une denrée aussi précieuse que la soie.

Et d'abord, étudions l'organisation du crédit à Shang-Haï.

Nos lecteurs voudront bien nous accorder toute leur attention en ce moment; c'est de l'organisation du crédit dans l'extrême Orient que nous tirerons les principaux arguments en faveur de notre thèse.

Un commerce aussi considérable que celui qui se fait à Shang-Haï, nécessite l'emploi de capitaux énormes, puisque nous avons vu que les Chinois n'échangent guère leurs produits que contre de l'argent. Le commerce européen pourrait demander à l'Europe de lui expédier tout l'argent nécessaire aux échanges qu'il est dans l'intention d'opérer, cela supprimerait tout crédit; il n'y aurait qu'à charger sur chaque paquebot en partance tout l'argent que l'on voudrait convertir en produits chinois. Mais le transport d'un capital aussi considérable ne s'effectue ni sans risques ni sans frais. On a eu l'heureuse idée de demander aux capitaux disponibles en Chine des avances, des crédits. Des maisons de banque, gérées par des indigènes, possédant des ressources considérables, ont été créées, et elles offrent aux banques européennes établies à Shang-Haï des capitaux, de l'argent, à un prix souvent inférieur au prix de revient des capitaux expédiés d'Europe.

L'argent étant à Shang-Haï rare ou abondant devient d'un prix élevé ou offert suivant les circonstances; il y a bénéfice ou perte à l'importation, et les opérations qui fixent la valeur réelle de l'argent par rapport au taël, seule monnaie invariable, constituent ce qu'on appelle le change.

Le capital en Chine est donc obtenu, à des prix divers, en raison des risques auxquels il est exposé. Cela n'a pas besoin d'être développé; il est aisé de comprendre aussi qu'à la distance qui sépare l'extrême Orient de l'Europe, ce capital ne se livre pas sans de sérieuses garanties.

Voici comment on opère :

Chacun connait l'organisation des connaissements; ce sont les reçus délivrés par les capitaines de navires aux déposants de marchandise à leur bord, et dont le destinataire doit reproduire le duplicata pour être admis à prendre livraison.

C'est donc le détenteur de ce duplicata signé du capitaine qui a droit à recevoir la marchandise à son débarquement.

C'est en quelque sorte le porteur du connaissement

qui devient le propriétaire de la marchandise, puisque lui seul a droit de la retirer. Cela posé, supposons une maison ayant comptoir en Chine et comptoir en Europe ; le prêteur en Asie peut sans aucun risque avancer son argent sur dépôt des connaissements qu'il adressera, lui, directement à son comptoir d'Europe avec ordre de ne les remettre qu'après remboursement de son prêt, ou du moins qu'après l'acceptation des traites par une maison dont il estime, lui, la promesse à l'égal de l'argent comptant.

Tel est le système de crédit, entre la Chine et l'Europe ; les traites fournies de Chine sur l'Europe et sur dépôt des titres de propriétés s'appellent des *traites avec documents.*

Les banquiers anglais ou américains ne craignent point d'avancer de la sorte les deux-tiers, les trois-quarts même de la valeur expédiée, et ainsi se trouve supprimé d'un coup l'énorme trajet qu'auraient à faire les capitaux européens.

Ce genre de crédit, qui a pour élément essentiel les traites avec documents, ne peut exister, on le comprend sans peine, qu'avec les contrées d'Europe où abordent les vaisseaux employés au transport des marchandises chinoises ; car il est tout simple que les traites avec documents soient tirées sur ces contrées.

En effet, ce mode de crédit nécessitant deux comptoirs en relations directes, l'un en Europe, l'autre en Asie, ces comptoirs n'existent en Europe que sur les points où les arrivages sont les plus fréquents ; jusqu'à ce jour tous ces points se réduisent à un seul, la ville de Londres.

De là l'impossibilité de faire traite de Chine en France ;

l'impossibilité de faire arriver les connaissements à Marseille ou au Havre, pour peu qu'ils soient grevés. De là encore, ce singulier et triste résultat définitif, de voir le marché des soies de Chine fixé à Londres, alors que c'est la France qui en consomme le plus.

Il nous reste à examiner la seconde question, celle des transports, si intéressante par rapport à ses conséquences pratiques.

Nous serons bref pour deux raisons; la 1re que nous n'aurons qu'à constater des faits; la 2me c'est que notre amour-propre national ne saurait longtemps s'appesantir sur un état de choses dont il ne peut être que péniblement affecté.

Le transport des soies de la Chine en Europe s'opère de deux manières; soit par la malle des Indes, sur les paquebots de la Compagnie péninsulaire orientale, soit par les navires à voiles nommés Clippers. Le nombre de balles dont les paquebots de la compagnie peuvent ce charger est nécessairement fort limité; elle donne la préférence aux chargeurs qui lui fournissent des marchandises d'importation; ces chargeurs sont tous Anglais, et ils importent des quantités considérables d'*opium*.

Restent les *clippers*. Ici tous les expéditeurs sont également favorisés; il y a de place pour tous. Mais s'il y a concurrence même, et elle existe de fait, entre les navires en partance pour l'Europe qui peuvent charger votre marchandise, quels sont ceux que vous préfèrerez?

Les meilleurs marcheurs, pour trois raisons principales.

La 1re c'est qu'il est évident qu'une marchandise

a d'autant plus de chances de réalisation qu'elle reste moins de temps en route.

La 2me, que la marchandise est d'autant moins coûteuse que le capital qu'elle représente est plus promptement réalisé.

La 3me enfin, c'est que l'assurance est d'autant moins chère que le temps de mer est présumé moins long par les assureurs.

La différence des prix des assurances en mer, compense celle du fret entre deux marchandises expédiées, l'une par la malle des Indes, l'autre par simple clipper.

Les navires français dans le port de Shang-Haï sont peu nombreux d'abord; avouons ensuite, mais promptement et tout bas, qu'ils trouvent difficilement leur chargement..... Peut-être que cela vient de ce que, commissionnaires, assureurs, banquiers, tout cela tend vers Londres, par affinité d'origine ou par communauté d'intérêts.

A présent que nous connaissons de la Chine tout ce qui est nécessaire pour l'intelligence de nos conclusions, nous allons dire adieu à l'humide Shang-Haï, et d'un bond franchir la distance de ce pays de la production, pour nous arrêter dans le brumeux Lyon, le pays de la consommation.

LES WARRANTS

& LA BANQUE DES SOIES.

Depuis que la maladie ravage les chambrées qui produisent la soie en Europe, on a promptement reconnu à Lyon que le principal élément de cette position exceptionnelle qu'occupait le fabricant de soieries, tendait à lui manquer. La suite des temps avait réuni sur le marché lyonnais une série d'avantages pour l'acheteur, dont les principaux provenaient à coup sûr de la concurrence que les produits soyeux s'y fesaient, et cela entre les mains de tiers dépositaires toujours intéressés à leur réalisation. La rareté de la marchandise a détruit l'œuvre des siècles, et le tisseur de soies est obligé de souscrire à la loi générale, contre laquelle il se raidissait si violemment qu'il oubliait quelquefois les convenances vis-à-vis des contradicteurs de sa maxime favorite, *bon marché, ou pas de fabrication*.

Il était si facile de se laisser glisser au courant d'une routine extrêmement favorable, qu'il a fallu des hommes d'une énergie et d'une initiative exceptionnelle pour chercher enfin à innover quelque mesure capable de sauver du naufrage de l'ancienne position tout ce qui pouvait en être sauvé par des efforts humains.

On proposa dès lors l'organisation d'un vaste magasin de prêts sur gages en matières soyeuses dont les récépissés, connus sous le nom de *Warrants*, seraient négociés par une banque annexée à l'établissement. Des points particuliers du règlement, fixaient la durée du prêt et les devoirs réciproques de la compagnie et du déposant.

On se flattait par cette mesure d'appeler à Lyon les ballots voyageurs qui vont s'égarant de plus en plus vers la Suisse et l'Allemagne, et on affichait l'espérance de pouvoir de la sorte fixer à leur passage, ces nombreuses balles d'exportation asiatique qui traversent la France pour arriver à Londres, lieu de leur destination.

On disait encore, mais on se garde bien de le répéter aujourd'hui, que l'on faciliterait de la sorte l'écoulement du trop-plein, le reliquat de la dernière campagne. Nous tenons beaucoup à noter que c'était autrefois un des avantages de la banque, mis en première ligne. Cette mesure est à notre avis un non-sens et un danger.

Toutes les maisons de commissions de Lyon offrent au consignataire, sollicité de tous côtés par elles, au moins tous les avantages offerts par l'établissement projeté. Elles accordent à leur déposants, les unes les deux-tiers, les autres les trois-quarts de la valeur de la marchandise consignée. Nous ne parlons pas des crédits accordés dans l'espoir de consignations futures, et qui sont très fréquents surtout à l'époque des achats de cocons.

La banque des soies inscrit dans ses statuts qu'au bout de *trois mois*, quels que soient les évènements, elle se réserve le droit d'*exécuter ses déposants, en livrant leur dépôt aux hasards et aux dangers d'une vente publique*. Le commissionnaire actuel demeure lié vis-à-vis de son correspondant par l'obligation de souscrire à ses vues ; il n'est pas libre de réaliser malgré lui, et tenu par ses intérêts mêmes de faire en sorte de lui complaire. La jurisprudence est d'ailleurs formelle à cet égard. Entre deux avances d'égale importance, mais de conditions si différentes, l'hésitation paraît-elle possible ? Nous ne le pensons pas, et nous croyons autorisé à conclure comme nous l'avions annoncé, c'est-à-dire en ces termes :

« La banque des soies n'offre aucun avantage que n'offrent déjà les maisons de commissions établies à Lyon. »

Nous n'aurons pas de peine à faire comprendre également que le moyen proposé est *insuffisant* et *incapable de modifier en rien la marche que suivent à cette heure les produits asiatiques* que l'on voudrait fixer.

Pour cela nous n'avons qu'à prier notre lecteur de vouloir bien rappeler à sa pensée le souvenir de l'organisation du crédit en Chine.

Les clippers étant tous dirigés sur Londres, les connaissements y arrivent tous, ainsi que toutes les traites qui escortent les documents, ou plutôt qui s'appuient sur eux.

Tant que les traites sur France ne seront pas acceptées, qu'importent toutes les facilités que vous organisez sur un point que ne saurait atteindre le commerce de la Chine ?

Tant que Londres sera le centre vers lequel convergeront toutes les affaires avec l'extrême Orient, tant qu'il sera l'*unique* pivot de toute l'organisation commerciale avec la Chine, pouvez-vous sérieusement espérer, à Lyon, de faire concurrence, par l'offre de vos capitaux, à des négociants qui en regorgent et qui trouvent à vous faire payer cinq pour cent au moins, leur droit du seigneur ?

C'est une illusion dont il faut promptement revenir sous peine de demeurer constamment dans un état de dépendance que toutes les fausses mesures, ou les demi-mesures même, ne feraient qu'entretenir et aggraver.

La banque des soies ne peut en rien, pas pour une seule balle, modifier la direction que suivent, par la force des choses, les produits asiatiques.

Il nous reste à montrer qu'inutile pour l'Europe, impuissante pour faciliter le commerce avec l'Asie, *la banque des soies et les warrants* ses corollaires obligés, sont un véritable danger pour l'industrie séricicole.

L'invention de la lettre de change, qui vint changer la face des affaires, réalisait un immense progrès.

Elle supprimait d'un coup toutes les distances par rapport aux capitaux, en même temps que toute la peine et tout l'embarras que leur circulation entraîne.

Cette représentation d'un capital promis, remboursable dans un endroit et à un moment indiqués, transmissible à des tiers, procurait au commerce un des plus grands avantages dont il ait gardé le souvenir.

De graves et profonds penseurs ont jugé qu'il était possible d'organiser pour la marchandise quelque chose d'analogue à ce que nos pères avaient fait pour les capitaux. Seulement comme la qualité de la marchandise est variable, ils en exigeaient le dépôt pour en remettre des récépissés, transmissibles de main en main, par voie de simple endossement.

Voici, d'après nous, pourquoi les économistes se sont trompés en croyant rendre au commerce un service aussi grand, plus grand même que celui que rendirent les inventeurs de la lettre de change.

Ils ont trop oublié, dans cette question, la différence qui existe entre la marchandise et la monnaie.

La *monnaie*, c'est le *moyen* des échanges ; la *marchandise* en est l'*objet*.

La *monnaie*, c'est l'*unité* de marchandise qui peut indistinctement et sans se dévier, aller de l'un à l'autre, car elle est d'égale utilité et pour l'un et pour l'autre.

La marchandise ne doit aller que de son producteur à son consommateur ; toute intervention inutile est dangereuse ; tout étranger est un intrus.

L'organisation des banques pour la négociation des warrants, c'est la grande porte ouverte aux intrus.

Le producteur a besoin de produire dans de bonnes conditions, le consommateur de consommer de bons produits au meilleur compte possible. Ni l'un, ni l'autre n'ont intérêt aux variations dans le prix ; ils n'ont d'autre ambition qu'un bénéfice régulier.

L'intrus, l'acheteur de Warrants, a, lui, un intérêt tout autre ; c'est celui de la variation. *Le statu quo* serait sa ruine.

De la hausse ou de la baisse, il ne lui faut rien de calme ni de régulier. Il vit d'agitation, le commerce et l'industrie en meurent.

Véritable parasite, *le spéculateur* vit de la substance même du producteur et du consommateur.

Quand la marchandise est abondante, en excès, on peut comprendre la création de banques, faisant intervenir des tiers pour acheter de la marchandise dont ils n'ont pas l'emploi.

Interposer d'avides spéculateurs entre le fabricant et le producteur d'une matière première, alors que cette matière manque déjà, c'est un non-sens, et les moyens proposés pour venir en aide à la situation, de véritables hérésies économiques.

On ne peut contester enfin que l'interposition d'un tiers, de plusieurs intermédiaires surtout, entre le détenteur d'une matière première et celui qui seul peut et doit l'employer, est tout au moins inutile. Le bénéfice étant le but que ce propose le capitaliste qui désire posséder une marchandise uniquement pour employer ses capitaux, c'est dévier le produit qu'il acquiert de sa route naturelle, pour le mettre *en écluses*, pour ainsi parler, à la disposition de personnes qui ne le transmettront à d'autres que par l'appât de la réalisation de bénéfices, si ce n'est dans le cas d'une panique, car alors tous ces détenteurs d'un produit inutile pour eux, ouvriront toutes les *vannes* de leurs existences, et ce fleuve dévié et emprisonné répandra juste au moment le plus inopportun ses flots d'autant plus furieux qu'ils auront été plus longtemps contenus.

L'image peut n'être point d'une orthodoxie littéraire parfaite ; elle est d'une justesse qui le lui fera aisément pardonner.

En temps de calme, on le voit, la négociation des Warrants, la facilité accordée, généralement parlant, *à la mobilisation de la marchandise*, ne tendent qu'à en élever le prix.

En temps d'orage, c'est la réalisation à tout prix de la part de ceux qui n'ont rien à faire d'une marchandise qui les embarrasse, réalisation qui entraînera leur ruine, en même temps que celle des malheureux industriels obligés de suivre les caprices d'une spéculation effrénée.

Ainsi donc, d'après nous, les Warrants et la banque des soies sont un anachronisme ; ils n'offrent aucun avantage nouveau au commerce du fil précieux ; ils sont impuissants par rapport au commerce des produits asiatiques, et nous les croyons, comme on vient de le voir, pleins de dangers dans le présent, pleins de menaces pour l'avenir.

Il nous reste à terminer ce petit travail par l'exposé du plan que nous proposerions aux capitaux intelligents au service d'une industrie qu'ils voudraient secourir. C'est à quoi sera consacré notre 3me et dernier chapitre.

L'AVENIR DU COMMERCE
DES SOIES.

CONCLUSIONS.

Il y a de cela une dizaine d'années, nous habitions alors Lyon, et de Lyon le triste palais qui fait face à l'élégante passerelle du collège ; point n'est besoin de dire maintenant que nous étions bien jeune et que les pensums et les retenues nous préoccupaient plus alors que l'avenir du commerce des soies. Nous quittions quelquefois la sombre enceinte pour aller recevoir l'hospitalité bienveillante d'une famille amie. Un jour, notre mémoire en gardera longtemps le souvenir, notre protecteur nous prit avec lui pour visiter quelques ateliers de tissage, et tourner notre intelligence, encore tout occupée des classiques, vers le réalisme et les connaissances qu'il supposait devoir le mieux profiter à notre avenir. La conversation s'engagea entre le fabricant et notre introducteur. On discutait devant nous, qui pensions alors au soleil et à la liberté bien plus qu'aux mérites divers des tissus de soie, les causes de la supériorité des fabricants de Lyon sur leurs concurrents d'Angleterre ou de Suisse. Les arguments reproduits de part et d'autre, nous ne vous les énumérerons pas, car hélas! notre corps seul était présent, notre esprit voyageant pour l'heure bien loin des deux respectables causeurs. Tout à coup, un nom est jeté dans la mêlée; ce nom n'était point celui d'un inconnu pour nous; nous devînmes dès lors attentif.

Il y a dix ans, des yeux exercés pouvaient seuls entrevoir la crise prochaine qui menaçait l'industrie séricicole. Cependant quelques personnes l'avaient prévue, et un filateur avait eu la pensée d'aller explorer l'Orient et de lui demander des renforts pour nos filatures déjà condamnées au chômage pour une portion de l'année. Redire à cette heure tous les anathèmes dont cette entreprise fut accablée, énumérer tous les défauts dont était surchargée d'avance la soie produite en France par des cocons du Levant; non, nous ne l'entreprendrons point, pas plus que de dépeindre la colère de notre fabricant contre cet utopiste, ce fou, — le mot fut dit, — qui venait par un de ses caprices, renverser l'antique supériorité de l'industrie qui fait l'orgueil de la cité lyonnaise. Nous sortîmes; à peine avions-nous franchi le seuil de la porte du fabricant irrité, que notre honorable compagnon prenant la parole nous dit ces mots qui retentiront longtemps à notre oreille: « Vous avez entendu, mon ami; je suis bien aise que toute la vérité parvienne par vous à M. X..... Écrivez-lui, et je vous conjure de lui dire en mon nom et au vôtre, que du même coup dont il atteint notre fabrication, il renversera sa fortune. »

Celui qui nous parlait de la sorte était un des plus honorables négociants lyonnais ; tout ce qu'il disait, il le pensait. Ce que nous avons voulu en rapportant cette anecdote véridique, ce n'est certes point raconter un évènement personnel ; nous croyons avoir montré, par ce simple récit, qui n'a pas besoin de commentaires, bien plus clairement que par de longs raisonnements, quelle était en 1849 la pensée des fabricants lyonnais au sujet de la supériorité de leurs produits, et quelles étaient en même temps leurs répugnances pour les soies étrangères.

Hors des soies de France, pas de salut ; tel était, en 1849, le dernier mot de tout le commerce des soieries.

Malheureusement, l'énorme déficit des récoltes françaises allait bientôt forcer la fabrication à lever l'interdit dont elle frappait les produits étrangers.

Que faire en présence de la crise ? Nous citons : « attendre de meilleures années et se croiser les bras en attendant? attendre la guérison de la maladie? mais si les années viennent et non la guérison ; si la maladie continue toujours, et qui peut dire quand elle disparaîtra ! Il faudrait donc vivre dans l'incertitude et dans tous les périls de l'incertitude?

« Dans certaines maladies, pour les industries comme pour les individus, attendre, ne rien faire, ce peut-être la mort : la maladie peut emporter le malade ; les filatures, les fabriques peuvent rester sans travail ; les ateliers peuvent se fermer ; des milliers d'ouvriers et des familles d'ouvriers peuvent se trouver sans pain dans la rue.

« C'est une situation grave. »

M. Lançon, membre du Conseil-Général de Vaucluse.

Non, il n'était pas possible d'attendre dans une inaction fatale qu'il plût à la Providence de nous débarrasser du fléau destructeur; l'industrie française, pas plus que le Français lui-même, ne reconnaît le fatalisme oriental; un de nos sages nous l'a dit : « Aide-toi, le ciel t'aidera », et depuis les premiers moments d'hésitation, tout le monde a voulu porter une main secourable au char embourbé de l'industrie séricicole.

Le premier sacrifice que l'on a dû faire est celui de la maxime exclusive que nous avons citée, et, à cette heure, le fabricant lui-même que nous avons mis en scène, n'emploie plus, peut-être, que des soies provenant de ces maudits cocons dont l'introduction devait exercer sur la qualité des tissus une action si funeste. On comprend, et nous comprenons tout le premier, que ce n'est pas sans un profond regret qu'il a fallu dire adieu à ces fils si élastiques, si fins, que produisaient autrefois les filatures françaises; mais enfin on a fait contre mauvaise fortune bon cœur, et, plutôt que de se dépiter comme un enfant capricieux à qui on a enlevé son joujou favori, on attend patiemment le retour des bonnes années, en tâchant de se contenter de ce qu'on peut avoir encore.

Les soies étrangères une fois admises, il reste à l'industrie des tissus à résoudre le problème d'une importation assez considérable pour suffire à tous ses besoins.

Nous avons vu que, pour le moment, le principal danger qui menace le fabricant de soieries, c'est celui du manque des matières premières; nous avons examiné aussi le moyen proposé pour amener sur la place de Lyon cette abondance qui lui est si nécessaire et de laquelle dépend toute sa prospérité. Ce moyen, nous l'avons démontré inutile et dangereux; il nous reste à exposer le plan que nous avons promis.

Ce n'est point sans raison que nous avons conduit notre lecteur jusqu'au fond de la mer de Chine; ce n'est point sans un but déterminé que nous avons déroulé à ses yeux toute l'organisation du commerce de Shang-Haï.

Tout cela était nécessaire au but que nous nous proposions d'atteindre; but élevé, grandiose, et par dessus tout éminemment national.

Veut-on véritablement et efficacement, venir en aide à l'industrie séricicole; veut-on ramener cette abondance des anciens temps qui servait de base fondamentale à la prospérité d'une des plus riches industries de la France; veut-on s'affranchir de l'humiliante tutelle des Anglais; veut-on enfin voler de ses propres ailes et secouer ce tribut, droit de capitation de l'industrie lyonnaise, qui se paie à nos concurrents d'outre-Manche, que l'on aille fonder des banques en Chine au lieu d'en fonder à Lyon.

Là est le nœud de la question; du succès de cette idée dépend tout l'avenir de l'industrie de la soie en France; oui, tout son avenir, même quand le fléau disparaîtrait, car les départements séricicoles ne parviendront jamais, dans les années de la plus grande abondance, à fournir à tous les besoins qui se révèlent chaque jour plus nombreux et plus pressants. Les distances s'effacent, les peuples se rapprochent, le monde entier est à nos portes et nos colifichets font la loi au monde.

Donc, allons en Chine : c'est la patrie du ver à soie; c'est la mine inépuisable de ses produits; c'est là seulement que nous trouverons l'aliment qui manquera à notre industrie tant que le fléau l'étreindra de ses serres cruelles; c'est là encore que nous trouverons le supplément indispensable dont nous aurons besoin alors même que nos magnaneries auront retrouvé l'abondance, car notre clientèle grandit tous les jours.

Allons en Chine pour y fonder des banques; que notre France ne soit bientôt plus un pays de pestiférés, où les capitaux étrangers n'osent poser le pied. Allons disputer aux Anglais cette riche proie qu'ils accaparent, et montrons-nous à la hauteur de notre rôle de premiers consommateurs du monde, en nous plaçant sur le même rang que nos concurrents en matière d'achats, et faisons voir enfin que nous pouvons nous suffire à nous-mêmes.

Allons créer des banques ; car sans cela pas de traites sur France ; pas de traites sur France, n'est-ce pas dire presque pas d'arrivages pour France ?

Créons des banques qui engageront leurs capitaux sur des connaissements pour la France et qui offriront à notre commerce lointain un crédit moins illusoire que celui dont il dispose en ce moment.

Nous avons fait voir, trop brièvement peut-être, mais enfin nous avons montré quelles sont les bases solides sur lesquelles s'appuient les traites avec documents et l'importance des garanties qu'elles offrent aux capitaux ; sachons dès lors, en employant des moyens aussi peu chanceux, accorder au commerce lointain de la France, les avantages dont jouissent les commerçants nos rivaux.

Il ne suffit point d'aller fonder des banques à Shang-Haï ; il faut encore que les banquiers qui devront les gérer adoptent les principes libéraux déjà mis en usage.

Nous ne nous dissimulons pas les difficultés que soulève notre proposition ; en France, la centralisation du crédit est telle qu'aucun établissement particulier ne peut vivre des inspirations de son chef, ni sortir du cercle d'opérations où l'enferme le règlement de la banque de France.

Et cependant, nous ne craignons pas de le dire, on se flatterait en vain d'obtenir un accroissement sensible dans le chiffre des importations directes de la Chine, si l'on s'obstine à refuser au commerce français les avantages accordés à ses concurrents, c'est-à-dire des banques faisant traites sur France, dans les conditions du crédit actuel.

C'est une œuvre de patriotisme que nous proposons, et ici le patriotisme se rattache trop intimement aux intérêts matériels pour que sa voix ne soit pas écoutée.

Le vent est aux grandes entreprises; aurons-nous le bonheur de voir organiser une vaste association ayant le commerce de la Chine pour objet?

Espérons que, les besoins de l'industrie séricicole une fois connus, il se trouvera un homme assez courageux pour jeter les bases d'une entreprise qui assurerait aux capitaux de la France un emploi des plus lucratifs et ouvrirait à son industrie une ère nouvelle de prospérité.

Oui, l'entreprise que nous appelons de tous nos vœux est une entreprise nationale; nationale par son but, car il s'agit de s'affranchir d'une dépendance et d'un tribut; nationale surtout par ses moyens, car, on le comprend, il faut tout en créant des facilités d'achats, organiser encore des moyens de transport.

Ne serait-il pas plus digne d'un pays comme la France d'employer ses épargnes à créer *une Compagnie des Indes Orientales*, organisée en vue du commerce de ces pays lointains, c'est-à-dire organisée pour créer le crédit entre des points si éloignés, et pour améliorer le transport entre de si grandes distances, que de les jeter dans des compagnies ayant la spéculation pour but ou pour conséquence?

Pour nous, nous le pensons; de plus nous le croyons et possible et facile.

Certes, le but à atteindre est élevé; il est grand; mais sa grandeur, c'est surtout ce qui doit nous le faire aimer, car c'est précisément à ce qu'il est lié aux intérêts et à la grandeur de la patrie qu'il doit sa propre élévation.

Créons donc en Chine des banques qui acceptent les traites sur France ; créons aussi des navires qui puissent lutter de vitesse avec les clippers américains ou anglais ; ces deux auxiliaires sont indispensables à l'alimentation de l'industrie française des tissus de soie.

Laissons-là les warrants et la banque des soies ; ils ne nous offriront jamais que l'ombre de la marchandise, et courons vers l'extrême Orient, qui peut seul nous en offrir la réalité.

Nous ne savons si nous faisons un rêve ; mais, dans tous les cas, il nous paraît bien beau. Si, par suite du fléau qui décime nos magnaneries, on était amené à organiser le projet dont nous venons d'indiquer les bases, il nous semble que nous pourrions presque nous écrier, « heureux malheur ! »

Le besoin nous aurait amenés à organiser enfin sur ses bases réelles le commerce lointain, en créant le crédit et en créant les moyens de transport, c'est-à-dire une marine marchande à la hauteur des progrès accomplis depuis quelques années.

Alors, nous nous suffirions à nous-mêmes; alors nous ne serions les tributaires de personne, ni pour les capitaux, ni pour les transports.

Revenant à la marchandise qui nous occupe, la France recevrait directement la soie qu'elle demande à l'Angleterre; elle ne s'appauvrirait plus de ces droits onéreux de transport et de commission qu'elle est obligée de lui payer.

Les Anglais ne recevraient plus notre argent en échange de la marchandise qu'ils nous livrent et qu'ils payent, eux, avec leur opium et leurs cotonnades.

Notre commerce français, auquel les nouveaux traités ouvrent la Chine tout entière, en profiterait pour étudier avec l'intelligence qui le distingue, les besoins de ces peuples peu connus. Plus au courant de ces besoins, il pourrait aviser à les satisfaire et à substituer un jour le commerce d'échange de marchandises au commerce absorbant que nous faisons aujourd'hui à l'aide de nos seuls capitaux, qui s'engloutissent si vite dans l'extrême Orient.

Rien de cela n'arrivera sans les moyens que nous proposons. Tant que notre pays sera tributaire de ses voisins pour les produits chinois, ses capitaux passeront le détroit ou traverseront les mers. Les nations organisées maritimement et financièrement pour le commerce avec l'Asie, profiteront seules des bénéfices des échanges dont notre industrie restera éternellement frustrée.

Il est temps de conclure enfin.

L'industrie des soies, il y a peu de temps si prospère, ne peut voir sa position s'améliorer tant que les matières premières seront rares et recherchées.

Non, la banque des soies et les warrants, n'amèneront jamais l'abondance qui lui est nécessaire et ne seront jamais un remède efficace contre la rareté. En créant la mobilisation d'une marchandise déjà si rare ; en introduisant des tiers entre le propriétaire de la matière et le fabricant qui doit l'employer, on ne peut aboutir qu'à deux termes également funestes à l'industrie : *la création des besoins factices et l'élévation des prix.*

Il ne nous appartient pas de glorifier le moyen que nous proposons ; mais nous le croyons exempt de tous les reproches que l'on peut faire à l'institution que nous avons voulu combattre ; il nous semble de plus s'harmoniser parfaitement avec les besoins et la grandeur de la France ; il n'en faut pas davantage pour nous le faire aimer.

LAPAREILLE.

PERCEMENT DE L'ISTHME DE SUEZ

& son influence.

Obligé, par la nature de nos occupations ordinaires, de nous absenter quelques fois pour plusieurs semaines, nous avions livré au compositeur du journal *la Sériciculture Pratique* la suite des articles ci-dessus, quand notre bonne fortune nous fit rencontrer le remarquable travail de notre compatriote, M. Lançon, membre du conseil général de Vaucluse, sur l'influence du percement de l'isthme de Suez. Nous ne craignons point d'avouer la conviction profonde et sincère, qui ne nous abandonne pas un instant, de la disproportion immense de nos forces, avec les questions que les circonstances nous poussent à soulever.

Aussi nous éprouvâmes une joie véritable en nous trouvant d'accord sur plusieurs points avec l'éminent avocat, que ses compatriotes ont déjà l'habitude de voir élucider toutes les questions d'intéret local que son dévouement à son pays natal lui fait rechercher. Aussi, eûmes-nous hâte d'insérer une citation de son étude pour prendre acte, devant le public, de l'heureuse coïncidence de notre manière de voir.

Cependant, à regret, nous devons constater aussi certaines divergences de nos opinions. Certes, nous ne venons point contester les avantages précieux de ce travail gigantesque dont M. de Lesseps a justifié l'opportunité. Nous trouvons, dans son entreprise, un caractère de véritable grandeur, et nos vœux accompagneront partout l'infatigable apôtre d'une idée dont l'exécution prouvera une fois de plus la puissance et la royauté de l'homme sur cette matière que la Providence lui a soumise.

Nous ne différons de manière de voir que quand il s'agit de prévoir les résultats commerciaux; ici, on doit le comprendre, notre compétence disparait et nous nous effaçons entièrement pour laisser parler les hommes habitués aux voyages et plus au courant que nous des choses maritimes.

Le percement de l'isthme de Suez, par lui-même, n'aurait qu'une influence très réduite sur le nombre des rapports entre la France et les Indes; Marseille ne compterait pas beaucoup plus d'arrivages de l'Inde ou de la Chine, et en voici les raisons.

Chacun connaît les vents périodiques qui, dans l'Océan, soufflent d'une manière constante, dans un sens pendant six mois de l'année, dans le sens inverse durant les autres six mois. Les marins connaissent tous aussi les grands courants qui transportent les navires avec une vitesse que l'on peut calculer à l'avance, et une régularité telle que l'on peut à l'avance aussi suivre exactement leur route sur la carte.

Les navires à voile redoutent les petites mers et les côtes; il leur faut le vaste Océan. Personne n'ignore que les assurances maritimes sont d'un prix bien plus élevé pour les vaisseaux qui voyagent dans la Méditerranée que pour ceux qui parcourent le grand Océan, et chacun sait que les prix des assurances sont proportionnels des risques constatés par l'expérience de la navigation antérieure.

Si la navigation à voiles redoute les petites mers, elle a une véritable horreur des détroits. Ceux qui connaissent Gibraltar et les Dardanelles se rendront facilement raison de cette antipathie. Il n'est point rare, en effet, de voir des milliers de navires attendre des mois entiers pour pouvoir pénétrer dans la Marmara, perdant ainsi un temps précieux à quelques lieues du port.

De tous les détroits, nul n'est plus redoutable que celui de Bab-el-Mandel, et la mer Rouge est ensuite un véritable détroit prolongé et encore un détroit semé de récifs et de bancs de corail, si dangereux pour les navigateurs.

Des marins instruits et sérieux assuraient devant nous que les simples navires à voiles préféraient quelquefois doubler le cap que de s'exposer aux dangers de la mer Rouge et aux risques d'un séjour prolongé à Aden. Ils affirmaient que pas un n'hésiterait à suivre la route actuelle pour arriver à Londres préférant aux chances de la Méditerranée, de la mer Rouge et de Gilbraltar, une route beaucoup plus longue, mais beaucoup moins dangereuse et facilitée par les vents alizés et par les courants.

Ces objections, nous les trouvons sérieuses; y rencontrons-nous la condamnation de la vaste entreprise de M. de Lesseps?

A Dieu ne plaise! Seulement, tout en nous réjouissant des magnifiques horizons que déroule à nos yeux notre honorable compatriote, nous ne pouvons nous empêcher de dire que *qui veut la fin doit vouloir les moyens.*

Le percement de l'isthme en est un et le plus indispensable, nous nous hâtons de l'avouer; nous croyons avoir fait comprendre qu'à lui seul il ne peut suffire.

L'immense progrès auquel M. de Lesseps a attaché son nom, ne produira ses fruits qu'à l'aide d'un progrès nouveau : la création d'une marine marchande mixte, c'est-à-dire, à voile pour les grandes mers, à vapeur pour la méditerranée et les détroits.

Tant que nous n'aurons pas de *clippers mixtes*, Marseille ne jouira point de cette immense prospérité que M. Lançon entrevoit pour elle; tant que nous n'aurons pas de *clippers mixtes*, le commerce des soies et l'industrie séricicole française en seront à attendre les renforts directs qui lui sont promis.

Nous voyons avec bonheur, dans un prochain avenir, se lever l'aurore d'une ère commerciale nouvelle; nous le voyons avec M. Lançon, et c'est lui qui nous a conduit vers les hauteurs d'où l'on découvre des rivages enchantés. Mais la distance qui nous sépare de ces plaines où mûrissent pour nous de si plantureuses moissons, nous ne pouvons la franchir qu'en créant une marine marchande digne des progrès accomplis, et c'est par ce point que nous rattachons à notre thèse précédente les courtes réflexions dont nous avons jugé opportun d'accompagner l'approbation, d'ailleurs complète, que tous les hommes dévoués à leurs pays se sont empressés d'accorder au travail de notre honorable compatriote.

LAPAREILLE.

www.ingramcontent.com/pod-product-compliance
Ingram Content Group UK Ltd.
Pitfield, Milton Keynes, MK11 3LW, UK
UKHW022142170726
13837UKWH00004B/1720